Le Livre de Poche Jeunesse

Poèmes du petit matin

Claude Haller

Né en 1932 à Nancy, Claude Haller retient de son enfance les années de guerre, qui le privent de son père. Après des études d'allemand et de lettres modernes, il suit une carrière universitaire mais la passion de l'écriture ne l'a jamais quitté, en particulier la poésie et les nouvelles.

Claude Haller

Poèmes du petit matin

Prix poésie jeunesse
du ministère de la jeunesse et des sports

Illustrations :
Gabriel Lefebvre

Notre maison

Ma maison a un jardin
Qui me fait signe d'entrer

Ma maison a une allée
Qui conduit mes pas

Ma maison a une porte
Qui ouvre mon cœur

Ma maison a une cheminée
Qui chuchote mes rêves

Mais la maison sans toi
C'est comme une rue sans fin
Un jardin sans fleurs
Une porte sans poignée
Une cheminée sans feu

Alors viens quand tu peux
Un et un font plus que deux
Viens quand tu veux
    Pour que ma maison ait une âme
    Pour que ma maison ait un nom

La fête d'abord

Il y a des rabat-joie
Je serai relève-joie

Il y a des bonnets de nuit
Je serai bonnet de jour

Il y a des souffre-douleur
Je serai sauve-douleur

Ne me parlez plus d'oiseaux de malheur
Je veux être pour toujours
Un petit – même tout petit –
Marchand de bonheur

À chaque jour suffit sa joie
N'est-ce pas

J'ai rêvé

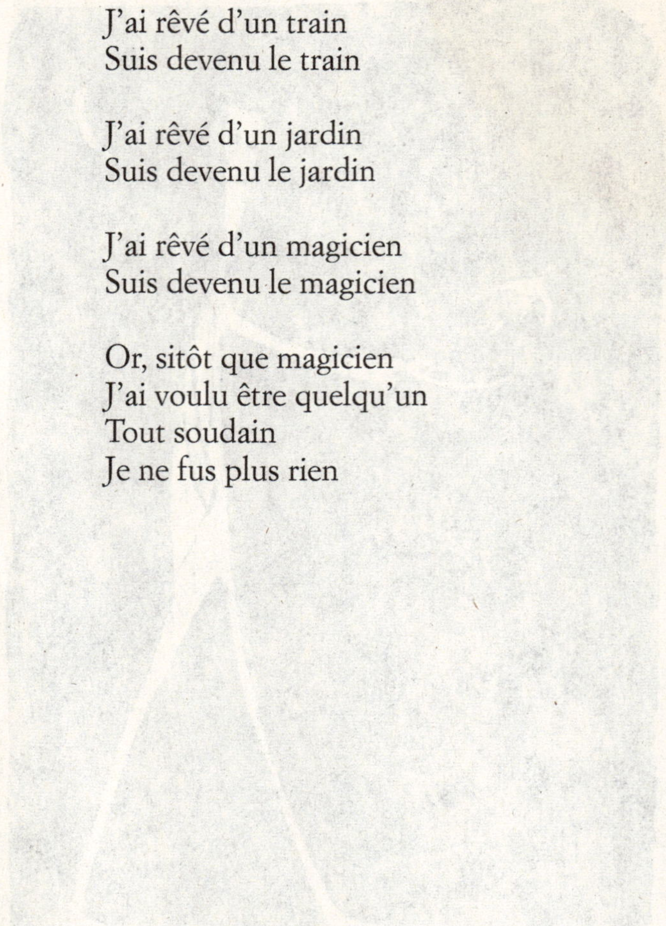

J'ai rêvé d'un train
Suis devenu le train

J'ai rêvé d'un jardin
Suis devenu le jardin

J'ai rêvé d'un magicien
Suis devenu le magicien

Or, sitôt que magicien
J'ai voulu être quelqu'un
Tout soudain
Je ne fus plus rien

Réveil

Ses yeux de pierre
Ont retrouvé
La légèreté des étoiles

Sa tête d'orage et de pluie
S'est rouverte
Au ciel clair des multitudes

Son cœur d'encre et de plomb
A brisé la chape
Et bat au tambour du monde

Laisse aller la cadence
Sur les ailes du chant
Comprends la folie d'un vent vainqueur

Esquisse

La roche luit
Sous un soleil câlin
Ça sent le buis
Et l'humble romarin

La brise essuie
La rosée du matin
Je goûte – et puis
Romps le pain au levain

Rêve de nuit
S'efface en chemin
Et je m'enfuis
À l'ombre de ta main

Rondeurs du monde

Ce matin tout est rond
Tout est bon

Les martinets n'en finissent plus
De tracer des ronds dans le ciel
Le pigeon sur le bord du toit
Gonfle ses plumes et fait balle ronde

Ce matin tout est rond
Tout est bon

Le chat dans la gouttière
Fait le dos rond
Un reste de lune nocturne
Arrondit l'angle de la maison

Ce matin tout est rond
Tout est bon

La fumée qui sort de la cheminée
Empile ses ronds dans l'air limpide
L'enfant sort son cerceau et part
Mesurer toute la rondeur du monde

Entends ce doux et puissant
Ronron de la terre
Oui ce matin tout est rond
Tout est bon

Offrande

Arbre
Qui m'as donné cette ombre

Blé
Qui m'as donné ce pain

Rivière
Qui m'as donné cette eau

Chatte
Qui m'as donné ses petits

Nuit
Qui m'as donné ce rêve

Mot
Qui m'as donné la clé

Que pourrais-je vous rendre
À vous tous qui m'avez tant donné
Sans jamais rien demander

Fable

Il est né
Disait-il
Pour aimer

Pour aimer qui
Pour aimer quoi
Il ne le savait pas

Il a donc attendu
Attendu qui
Attendu quoi
Attendu qu'il ne le savait pas

Ce qui est dur
D'attendre
C'est qu'à la fin
Et sans savoir pourquoi
Les dés en sont jetés
Et votre vie avec

Quand on vous dit
D'aimer
Sans attendre
Qu'attendez-vous

Bouquet

Regarde
Les fusées sont de toutes les couleurs
Des bleues des or des rouges
Vite faut en faire un bouquet

Regarde
Les ballons sont de toutes les couleurs
Des roses des verts des orange
Vite faut en faire un bouquet

Regarde
Les enfants sont de toutes les couleurs
Des noirs des marron des blancs des jaunes
Des cuivrés des basanés
Vite faut en faire un bouquet

En guise d'étrennes

Je t'envoie
L'arc superbe du jour
Sous les yeux croisés
De la jetée

Le haut de la vague
Et son bouquet d'écume
Au front majeur de la mer

Les chutes déferlantes
De mes pensées grisées
En l'épuisement radieux des flots

Et capte au seuil impatient
De ces crêtes lumineuses
La promesse nouvelle
De mainte fièvre marine

Contes et légendes

Nos vieilles cantilènes
Nos légendes d'autrefois
En déroulant la laine
Au coin du feu benoît

Nos livres de sorcières
Nos contes de lutins
En allumant torchère
Tout au fond du jardin

Nos baisers à la reine
Nos volées aux félons
Au doux chant des sirènes
Le matelot répond

Et si le feu décline
Sache le ranimer
Pour que rêve chemine
En nos têtes charmées

Orpailleur

Tamise un peu
La poussière d'or
De ta mémoire

Dans ces grains d'ombre
Que filtre ton cœur
Surgira peut-être

Comme l'atome
En son rai de soleil
Une vive étincelle

Éclair de vie
Éclair d'amour
Il faut bien peu
De la lumière d'un souvenir
Pour allumer un incendie

Et si

Et si le ciel
N'avait plus la terre

La terre
Plus d'arbres

L'arbre
Plus d'oiseaux

L'oiseau
Plus de chants

Que me resterait-il
Sinon l'âme claire
De ton regard
À peine entrevu

Ma parole

Que dis-tu ? demande le père
– Moi, rien... répond l'enfant
Que dis-tu ? demande la mère
– Moi, rien... répond toujours l'enfant
Que dis-tu ? demande le frère
– Cela ne te regarde pas
Que dis-tu ? demande la sœur
– Rien, c'est mon secret

Alors quel est ton secret ?
demande l'oiseau
– Eh bien c'est que toi tu me parles...

Et là-dessus ils s'en vont
Bras dessus ailes dessous
... Pour une de ces prises de bec...

Mariage des mots

Il n’est pas de beau mot
Qui n’en appelle un autre
Et dans le ciel de nos pensées
Voilà que naît une guirlande

Mais ce n’est pas assez
Que de proférer seul
Il n’est pas de beau mot
Sans l’âme d’un écho

Viens avec moi l’amie
Fiancer nos plus beaux dires
À la porte du sanctuaire
Nous écrirons peut-être
　　Deux pages de plus
　　À notre unique dictionnaire

Jeu de mains

Ta main est une feuille
Ouverte aux quatre vents
Elle attend qu'on la cueille
Pour se donner souvent

Ta main est une étoile
Aux lumineuses branches
Qui sait ce qu'elle dévoile
En sortant de sa manche

Ta main est une fleur
Un fragile bouquet
Ses doigts ont le bonheur
D'aller comme l'archet

Ta main est le bandeau
Décochant l'arc-en-ciel
Y a-t-il plus bel oiseau
Pour fuir à tire-d'aile

Croquis

Contemple longtemps
Mon enfant
Ces beaux bœufs blancs
Ces beaux bœufs lourds et lents
Posés nonchalamment
Sur les prés d'argent
Au matin levant
Et qui dans leurs flancs puissants
Condensent la chaleur et le temps
Pour donner à ton esprit mûrissant
L'image d'un dieu sage et opulent

Grandir

Tu grandis ma fille
Voilà ton front
À la hauteur de mon cœur
    Tes pensées n'ont besoin que de chaleur

Tu grandis ma fille
Voilà ton front
À la hauteur de ma bouche
    Tes pensées n'ont besoin que d'espérance

Tu grandis ma fille
Voilà ton front
À la hauteur de mes yeux
    Tes pensées n'ont plus besoin que d'elles-mêmes
    Si tu m'aimes assez pour penser par toi-même

Gens du voyage

Sale temps
Pour les saltimbanques
La pluie tangue
Aux vitres esseulées

Beau temps
Pour les acrobates
Le brouillard opaque
Embue leurs beaux yeux vagues

Sale temps
Pour les funambules
Le givre craquèle
Sous leurs pas somnambules

Beau temps
Pour les bateleurs
La neige pleure
En fleurs frileuses d'argent

Histoire d'amis

Trois amis étaient inséparables
Une fille passa
Passa si près
Qu'ils ne furent plus que deux

Deux amis étaient inséparables
Une fille passa
Passa si près
Qu'il n'en resta plus qu'un

Comme il ne passait plus de fille
Ce dernier prit la mer
La mer lointaine
Et depuis il vogue en solitaire

On dit qu'à la fin
Il ne fut pas
Le plus malheureux des trois

Il est temps

Il est temps
Plus que temps
De ne plus mourir à vingt ans

Il est temps
Plus que temps
De ne plus mourir en chantant

Il est temps
Plus que temps
De ne plus verser son sang

Histoire simplement
D'arroser les champs
Élysées soi-disant

À petits pas

Trois petits pas
Dans le corridor
C'est le chat
C'est le chat
Trois petits pas
Dans le corridor
C'est le chat aux prunelles d'or

Trois petits pas
Derrière la grille
C'est ma fille
C'est ma fille
Trois petits pas
Derrière la grille
C'est ma fille dont les yeux brillent

Trois petits pas
Près du fauteuil
C'est grand-père
C'est grand-père
Trois petits pas
Près du fauteuil
C'est grand-père qui se recueille

À l'ancienne

Une petite vieille
Sur son bâton noueux
Clopinait merveille
Près de son petit vieux

Ils allaient se faire
Au coin de l'avenue
Un petit bol d'air
Qu'était le bienvenu

Puis rentraient chez eux
Le cœur plein de soleil
Un fil d'or en leurs doux yeux
Allumait rose vermeil

Et le soir en s'endormant
Ces deux chers petits vieux
Pour un rien s'alarmant
Avaient l'air presque heureux
Tout étonnés ma foi
D'être encore deux

Jardinier de ton âme

Ratisse au plus léger de l'outil
La clairière ingénue de nos vœux partagés
Bergère il ne pleut donc plus et c'est temps
De retourner les jardins de prouesse
Vous têtes pleines de mille oiseaux
Goûtez la fraîcheur des ombres fleuries
Ou calmez vos îles battantes
Au clair pavillon du triomphe
Notre cœur n'est plus volière
Fût-ce en ce fouillis d'oiseaux
S'il sème une graine à tous vents
Quelle en sera l'unique récolte
Un chant un regard une espérance
Il suffit de vivre et de se croiser
À mots couverts à mots effleurés
On dit parfois plus quand on se tait
Que notre silence soit ruisseau
Ou rivière toujours il emportera
L'or pur d'un secret
L'effusion d'une absence

Dis-moi

Dis-moi
Comment tu t'en iras
Grand-mère
Quand tu mourras
« Je m'en irai peut-être
En poussière de rose
En chute de lilas »

Dis-moi
Comment tu t'en iras
Grand-père
Quand tu mourras
« Je m'en irai sûrement
En riche parfum de tabac
En fumée d'Arménie »

Et toi
Petit malin
Comment penses-tu t'en aller
« Moi je m'envolerai
Au nez et à la barbe
Du bon Dieu

Et s'il n'a pas de barbe
Il aura un pied de nez
À la porte du paradis
Car je veux aller en enfer
À Dieu ne plaise »

Matins du monde

J'aime le temps
Comme le temps
Aime les matins

Ces grands matins
De septembre ou de juin
Lumière ou festin
Pour nos yeux solaires

J'aime le vent
Ce vent qui souvent
Décoiffant les cheminées
Fouette les draps du ciel
Et mouche le faux-nez
Des tours et des gratte-ciel

J'aime à profusion
Tous ces riches climats
Qui viennent d'ici et d'ailleurs
Et m'apportent de toi
La neuve image
Des vrais matins du monde

Matin clair

Matin clair
En qui j'espère
Matin gris
Qui me sourit
Ah si le temps diffère
Que mon cœur est bien pris

Matin clair
La belle affaire
Matin gris
Pas vu pas pris
Si nous chantons un air
C'est pour qu'il soit compris

Matin clair
Jusqu'à vesper
Matin gris
Jusqu'à la nuit
Toute ombre m'indiffère
Puisque je suis épris

N'être que

Je ne suis qu'hirondelle
Disait l'hirondelle

Non tu es vent
Souffle espace
Fouet superbe du mouvement

Je ne suis qu'océan
Disait l'océan

Non tu es vague
Dérive et croisière
En un champ de diamants bleus
Prête-moi ta houle
Pour chanter un air

Je ne suis qu'amour
Disait l'amour

Non tu es l'espoir
Et la douleur
Mêlés en l'effusion trouble
D'un bouquet rose et noir

Prête-moi ton cœur
Pour écrire ma vie
Et l'hymne de ma souriante mort

Estivales

Jeux d'ailes jeux d'eau
Vois ces ronds d'hirondelle
Entre les plis des rideaux
Mais qui me parle d'elle

Entre les rideaux
Que cette femme est belle
Tirée au cordeau
Assise à son autel

Beauté au cordeau
Qui résiste à l'appel
Ton cœur ferait le beau
S'il y avait le septième ciel

Ton cœur aura beau
Voguer comme nacelle
Remets-t'en à l'oiseau
Illusion de l'éternel

Latence

J'aime des vert clair
Blancs et roses vergers
Faire l'impassible siège
En un royal et juvénile
Accord des temps

Ah l'attente l'attente féconde
À travers la pluie lente et douce
Au pays que j'abonde
Et si fier de ses pommes rousses

L'on ne sait si cette pluie d'hier
En ses rares gouttes suspendues
N'est pas déjà l'essence avérée
De ces fruits si mûrs
Qu'ils en viennent à pleurer

Désert vivant

Écoute ce silence
Le désert est à nos portes
Voici que s'avance
La muette cohorte

Poids figé des dunes
Crêtes miragées
Ce soir sous la lune
Fleurit l'apogée

La caravane évanouie
Dans ce sable opulent
Trace l'inouï
Des contes de l'Orient

Collioure,
avant la nuit catalane

Beau soir austère
En sa robe marine
Troué de lune fine
Et d'étoiles légères

Quel chaud mystère
Viens-tu phosphorer
À la frange dorée
De mutines frontières

Ma catalane fière
A sa plus belle mine
Ah Dieu qu'elle illumine
Au mauve belvédère

À toi la sainte terre
Et qu'elles jouent sourdine
Les grises mandolines sur nos amours d'hier

Nuit privilège

Tout festin
Du matin

Abolit
À midi

Les espoirs
Du soir

C'est bien pourquoi
Et sans en avoir l'air
Il faut goûter l'ennui
L'ennui des longues nuits
Comme le bouquet grave et narquois
De nos errances crépusculaires

Comme le chant...

Comme le chant du ciel
Partant du toit de ta maison

Comme l'ivre saveur du fruit
Coulant le long de ta mémoire

Comme une voix de femme
Sortant du buisson des nuages

Comme le geste esquissé
Par la vitre du train qui s'éloigne

La nuit mauve habille l'amertume
De tes solitudes souveraines
Viens étouffer tes désespoirs d'antan
Au frisson d'eau qui s'enroule
Presque amoureusement
Sous le saule endormi

Renaissance

Discret cadeau d'un dieu caché
Il pleut des gouttes d'ombre et de parfum
Dans l'inadvertance du petit matin
Il y a de l'inaugural dans l'air
Et des bouffées de joie sous l'amertume

L'enfin rêve éveillé te saisit au sanglot
Serait-il possible que tout change
En redevenant comme avant
Les ferveurs silencieuses de l'avent
Cèdent la place aux torches de carnaval

Intempéries

Il pleuvait
Que faire sans chapeau
Me suis coiffé
Du toit de ma maison

Il neigeait
Que faire sans manteau
Ai revêtu
La cheminée de ma maison

Il gelait
Que faire sans bottillons
Vite enfilé
La moquette de mon salon

Il ventait
Que faire sans pèlerine
Ai tiré sur moi
Tous les rideaux de la maison

Si bien qu'à la fin
Tout habillé de ma maison
Je suis parti faire le tour de monde
Mais bien au chaud

Peine perdue

L'arc-en-ciel de tes pleurs se pavane
Au cri d'alarme du couchant
Dans la fumée blême d'un havane
Ne remâche plus ton noir penchant

Ne te rappelle plus le poignard sombre
Des jours crucifiés
Ne te rappelle plus le chant des ombres

Prends la main calme des jours fiancés
Qui rouvre ta lèvre
Aux musiques lentes et cadencées

Laisse-toi bomber de nouvelles fièvres
Le cor a sonné
Cours la chasse au bois et réduis le lièvre

La tenture agile de tes mains
S'étoile au feu roux des sarments
Quelque chose fredonne comme un lendemain

Faut t'en passer

Le facteur est passé
Toujours rien

Le train est passé
Toujours rien

Le Père Noël est passé
Toujours rien

La chance a passé
Toujours rien

Que se passe-t-il donc
Pour qu'il ne se passe rien
Et que je passe à côté de tout

Il n'y a qu'à vouloir

Je voudrais t'aimer
De pain blanc
De four tiède
De cire d'abeille

T'aimer
De fleur sauvage
De miel clair
De thym et de lavande

T'aimer
De rosée au matin
D'aubépine à midi
Et d'ombre propice le soir

Pour que toutes nos journées
Soient au comble de toi
Et que choses si simples
Forment l'évidence
Qu'il fait simplement bon près de toi

Clés

Clé du jardin
De ton âme
Aux regards prolongés
Sous les lambris
Vieil or et saumon
De la chambre du haut

Clé du grenier
De ta mémoire
Aux malles surannées
Voiles et dentelles
Coiffes et ribambelles
S'assied-on sur le divan

Clé de tous les coffres
De tous les jours
Clé que tu m'offres
Pour le seul séjour
Où je puisse enfin
Prince de mes solitudes
Gagner l'ivre latitude
Où pourrait se jouer un destin

Le petit ramoneur

Le petit ramoneur vous salue bien
Et tout bas vous chuchote à l'oreille
Plein de douces choses des petits riens
Qui ne coûtent guère et font merveille

Le petit ramoneur s'en va comme un lutin
Marchand de labeur marchand de bonheur
Toujours sifflotant vrai diablotin
Il dira – des cheminées – les secrets du cœur

Le petit ramoneur fait signe aux enfants
« Suivez-moi sur le rose chemin des rêves »
Et chaque soir c'est l'enchantement
Dormeurs des songes rien ne s'achève

Le petit ramoneur a disparu en coulisse
Reviendra-t-il ne reviendra-t-il pas
Je le vois dans le ciel qui se hisse
Jusqu'aux étoiles sur son échelle de soie

Dans le regard d'un enfant

J'ai vu des continents
Des îles lointaines
De fabuleux océans
Des rives incertaines
Dans le regard d'un enfant

J'ai vu des châteaux
Des jardins à la française
Des bois des coteaux
De blancs rochers sous la falaise
Dans le regard d'un enfant

J'ai vu les Champs-Élysées
L'Arc de Triomphe la Tour Eiffel
Le Louvre et la Seine irisée
Comme un arc-en-ciel
Dans le regard d'un enfant

Signal de nuit

Passant aux yeux de feu
N'éteins jamais cette magique lanterne
Qui te permet de voir dans la nuit

Vois la naissance attendue
D'un signal qui s'alarme
Un monde clair est suspendu
À l'iris fulgurant de ta larme

Et comprends qu'il ne sera de vrai matin
Doux lumineux et transparent
Qu'au sortir des plus riches ténèbres
Tendues de velours noir et d'yeux argentés

Tout dire
Ne rien dire

Il y a des silences
Effrayants
Comme l'orage

Des ombres
Qui s'illuminent
Comme l'éclair

Des airs
Qui viennent de loin
De si loin que l'on désespère

Puis des mots
Des mots qui semblent
Ne vouloir rien dire
Mais des mots
Qui feront ton souvenir

Aide-moi sans fin
Mon infidèle mémoire

L'homme qui a oublié

J'ai rencontré l'homme
Qui a oublié
Qu'il a été un enfant

Oublié
Les larmes et les jubilations
Les désespoirs et les folies

Oublié
La cabane de Robinson
La fugue rageuse

Oublié
Le rêve insolent
Ou la bouche gourmande

N'y a-t-il plus de déesse
Dans le ciel
Pour semer en sa tête nocturne
L'éblouissant paraphe
D'une étoile filante

Écrire à tout venant

Pour toi
J'écrirais un poème
Sur le confetti
Sur le timbre-poste
Sur la carte à jouer
Pour toi
J'écrirais un poème
N'importe où
N'importe comment
Tant qu'il est encore temps

Pour toi
J'écrirais un poème
Sur l'affiche
Sur la vitrine
Sur le mur blanc
Pour toi
J'écrirais un poème
N'importe où
N'importe comment
Pourvu qu'il soit encore temps

Pour toi
J'écrirais un poème
Sur le bord du pré
Sur le lit du fleuve
Sur le ciel à l'horizon
Pour toi
J'écrirais un poème
N'importe où
N'importe comment
Il n'est peut-être plus temps ?

Le temps de la mémoire

S'il pleure en ton jardin
Qu'il pleuve en ma mémoire
Ô nos sentiers brouillés
Sous l'impavide pluie

S'il pleure en ta mémoire
Qu'il s'ouvre le chemin
Où retrouver nos pas
Sous l'herbe de l'oubli

S'il sème à tout hasard
En quelque lieu perdu
C'est pour auréoler
Ce très vieux jour sans fin

École

Tu croyais
Que ton école
Ne t'avait rien appris

Que tu avais
Bayé aux corneilles
Au rayonnement du poêle

Que le monde
Était au-delà
De la vitre et de la porte

Que la parole
Était toujours d'hier
Et très peu pour demain

Et puis tu as grandi
Et l'école te revient sans fin
Et l'école ne te quitte plus

Alors ce n'était pas école perdue
Mais peut-être à ton insu
Quelque bon pain au levain
Que tu consommais dans ton coin
Sans savoir qu'il te nourrirait demain

Un sang d'encre

J'aime les encres
Encres furtives
Des ciels changeants
Encres fautives
Des jours indigents

Encres de brume
Ou de clarté
Encres d'amertume
Aux cris des cités

Ah pourvu mon ami
Qu'à la pointe de la plume
Sourde une perle de rosée
Avant d'être goutte de sang

Vous mes encres providentielles
Rayons de toutes couleurs
Ouvrez-moi la chanson
La chanson grise la chanson rose

Encre d'écolier encre rouge et noire
S'il est encore un espoir
Je le cueillerai
Tout au fond de l'encrier

Comme un art poétique

Un poème toujours se cherche en toi
Qu'il sorte de ta main
Qu'il sorte de la glaise
Qu'il sorte de ton sang
Qu'il sorte de nos rêves

Un poème toujours trouve son chemin
Qu'il naisse de ta sève
Qu'il naisse de ton pain
Qu'il naisse des vieux temps
Qu'il renaisse demain

Un poème toujours craquèle sa coquille
Qu'il éclate à l'aurore
Qu'il éclate au creux du soir
Qu'il éclate en traîne d'espoir
Qu'il éclate en poussière d'étoiles

Un poème toujours couve sous la cendre
Qu'il brûle comme brindille
Qu'il brûle comme bûcher
Qu'il brûle en ses méandres
Qu'il brûle en gerbe d'or
    Nervures de la terre feu ciel amor
    Le poème est en marche c'est la fin de la mort

Cortège

La fille du ciel
Est passée par là
Discrète et légère
Elle n'avait l'air de rien
    Mais le lendemain quel bleu en mon âme

La fille du vent
Est passée par là
Diaphane à l'orée du jour
Elle semblait ne souffler mot
    Mais le lendemain quelle bourrasque en ma tête

La fille du feu
Est passée par là
Ni vu ni connu
Dans ce muet éblouissement
    Mais le lendemain c'était l'enfer et pour toujours

Musette

Prends ta musette sur l'épaule
Petit et cours au bord du ruisseau
Écoute les bruissements du saule
Et les froissements de roseaux

Mets ton sac en bandoulière
Petit et grimpe sur les tours
Tu verras comme s'envole le lierre
Quand l'aube revêt ses beaux atours

Prends ta flûte de bambou
Petit et jase ta mélodie
Ta joie délirante est au bout
Au fond du ciel des paradis

Calme ta peine aux creux des pierres
Petit essuie tes larmes de rosée
La brise coule en ta paupière
Et que crains-tu d'avoir osé

Souviens-toi des fuites échevelées
De nuages qu'on dit merveilleux
Les poètes s'accrochent à des palais
Construits dans la découpe des cieux

Clair-obscur

Ma misère n'est jamais noire
Ou c'est d'un noir doux et lumineux
Piqueté ici et là d'or et d'azur
Ma misère n'est jamais noire

Mes soucis ne sont jamais gris
Ou c'est d'un gris tendre et caressant
Parsemé de damiers roses et mauves
Mes soucis ne sont jamais gris

Mes espoirs ne sont jamais fous
Ou c'est d'une folie à vous nouer la gorge
Et vous faire pleurer d'ivresse et d'envie
Mes espoirs sont toujours fous

Rêve d'enfant

Qui n'a rêvé de gloire et de fortune
De longs voyages aux émouvantes arrivées
Qui n'a même distrait rêvé de la lune
Penché sur le ciel et près de chavirer

Qui n'a couru les mille et quatre chemins
Chemins d'espoir et chemins d'infortune
Ah qu'aujourd'hui est beau quand il y a demain
Dans la douceur des soirs au plein sommet des dunes

Pour tous ceux qui…

J'écris pour tous ceux
Qui n'attendent
Qu'un mot
Un signe
Un battement d'ailes

Pour ceux
Qui ne demandent
Qu'un chant
Venu d'au-delà
Du ciel

Ceux
Que le vent appelle
En écho vainqueur

Afin que demain
Soit plus beau qu'aujourd'hui
Qui n'en finit pas de mourir
Sous l'arc peureux
De nos regrettés sourires

Et soudain le ciel...

Et soudain le ciel
S'assit au chevet de la mer
Et lui dit

Quitte tes ports
Tes golfes tes baies
Arme tes bâtiments

Tends tes voilures
Aux rayons tièdes
Des soleils naissants

La vague déferlante
Est ta fille naturelle
Laisse-la quitter

Ses vieux filets
Suspendus et se noyer
Nue en l'amertume des flots

On n'a qu'un sillage
Dévoreur en la courbure
Du monde

Il faut partir
Au devant des étés
Miraculés

Ô dernières saisons
Toutes chargées
De superbe et d'insolence

Mourir ou partir

Pars
Ne te demande pas
Par quel train
Pour quelle gare
On t'attend là-bas

Pars
L'espérance vole au bout du quai
Aime d'amour fou
Ces départs effrontés
Et l'allègre montée
Des petits matins

Pars
Toutes hontes surmontées
Viril vainqueur
En la saveur
Douce-amère
De ton âpre certitude

À cœur et à cri

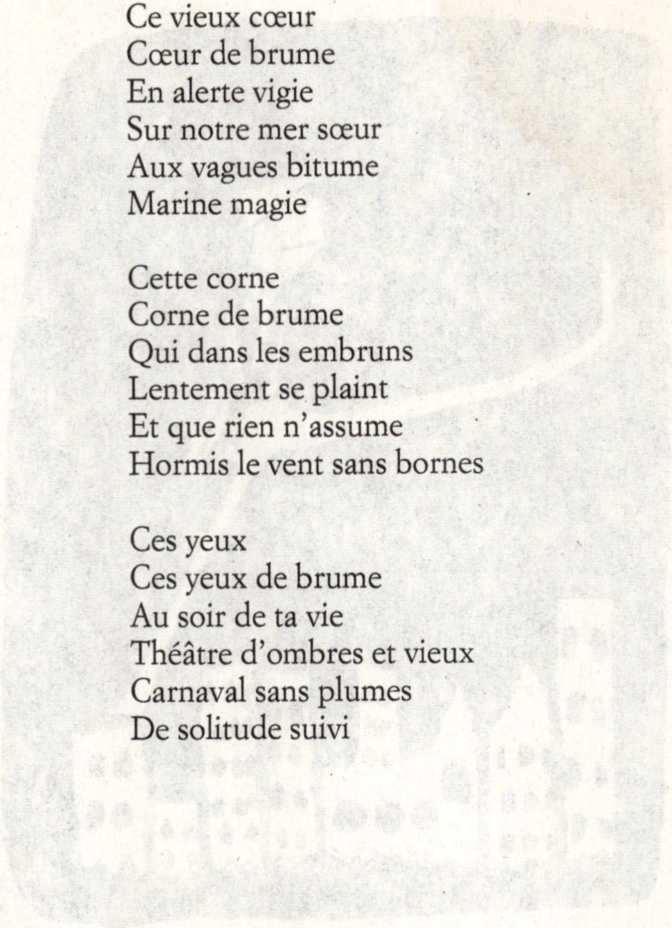

Ce vieux cœur
Cœur de brume
En alerte vigie
Sur notre mer sœur
Aux vagues bitume
Marine magie

Cette corne
Corne de brume
Qui dans les embruns
Lentement se plaint
Et que rien n'assume
Hormis le vent sans bornes

Ces yeux
Ces yeux de brume
Au soir de ta vie
Théâtre d'ombres et vieux
Carnaval sans plumes
De solitude suivi

Final

Toute belle chose
Impose
En soi sa fin

Toute jeune rose
Suppose
Un cœur défunt

Tout ce que tu oses
Explose
Et meurt enfin

En cette vaine prose
Repose
Notre immortelle faim

La poésie

Il n'est ciel
Que de sourire

Fontaine
Que de clarté

Mont
Que d'orgueil

Musique
Que de vertige

Il n'est poème
Que d'amour

Table

« Pour l'éditeur, le principe est d'utiliser des papiers composés de fibres naturelles, renouvelables, recyclables et fabriquées à partir de bois issus de forêts qui adoptent un système d'aménagement durable. En outre, l'éditeur attend de ses fournisseurs de papier qu'ils s'inscrivent dans une démarche de certification environnementale reconnue. »

Édité par la Librairie Générale Française - LPJ
(58 rue Jean Bleuzen, 92178 Vanves Cedex)

Composition PCA

Achevé d'imprimer en août 2023, en France par
La Nouvelle Imprimerie Laballery
58500 Clamecy (Nièvre)
N° d'impression : 308132
Dépôt légal 1re publication : juin 2010
Édition 06 - août 2023

32.2887.1/06 - ISBN : 978-2-01-322887-9

Loi n° 49-956 du 16 juillet 1949 sur les publications destinées à la jeunesse

Dernier dépôt légal : août 2023